Apollinair

Informatique appliquée aux SIG en ligne

Apollinaire Batouré Bamana

Informatique appliquée aux SIG en ligne

Création de la base de données urbaines de Ngaoundéré

Éditions universitaires européennes

Mentions légales / Imprint (applicable pour l'Allemagne seulement / only for Germany)
Information bibliographique publiée par la Deutsche Nationalbibliothek: La Deutsche Nationalbibliothek inscrit cette publication à la Deutsche Nationalbibliografie; des données bibliographiques détaillées sont disponibles sur internet à l'adresse http://dnb.d-nb.de.
Toutes marques et noms de produits mentionnés dans ce livre demeurent sous la protection des marques, des marques déposées et des brevets, et sont des marques ou des marques déposées de leurs détenteurs respectifs. L'utilisation des marques, noms de produits, noms communs, noms commerciaux, descriptions de produits, etc, même sans qu'ils soient mentionnés de façon particulière dans ce livre ne signifie en aucune façon que ces noms peuvent être utilisés sans restriction à l'égard de la législation pour la protection des marques et des marques déposées et pourraient donc être utilisés par quiconque.

Photo de la couverture: www.ingimage.com

Editeur: Éditions universitaires européennes est une marque déposée de Südwestdeutscher Verlag für Hochschulschriften GmbH & Co. KG
Dudweiler Landstr. 99, 66123 Sarrebruck, Allemagne
Téléphone +49 681 37 20 271-1, Fax +49 681 37 20 271-0
Email: info@editions-ue.com

Produit en Allemagne:
Schaltungsdienst Lange o.H.G., Berlin
Books on Demand GmbH, Norderstedt
Reha GmbH, Saarbrücken
Amazon Distribution GmbH, Leipzig
ISBN: 978-613-1-59793-0

Imprint (only for USA, GB)
Bibliographic information published by the Deutsche Nationalbibliothek: The Deutsche Nationalbibliothek lists this publication in the Deutsche Nationalbibliografie; detailed bibliographic data are available in the Internet at http://dnb.d-nb.de.
Any brand names and product names mentioned in this book are subject to trademark, brand or patent protection and are trademarks or registered trademarks of their respective holders. The use of brand names, product names, common names, trade names, product descriptions etc. even without a particular marking in this works is in no way to be construed to mean that such names may be regarded as unrestricted in respect of trademark and brand protection legislation and could thus be used by anyone.

Cover image: www.ingimage.com

Publisher: Éditions universitaires européennes is an imprint of the publishing house Südwestdeutscher Verlag für Hochschulschriften GmbH & Co. KG
Dudweiler Landstr. 99, 66123 Saarbrücken, Germany
Phone +49 681 3720-310, Fax +49 681 3720-3109
Email: info@editions-ue.com

Printed in the U.S.A.
Printed in the U.K. by (see last page)
ISBN: 978-613-1-59793-0

Dédicaces

A mes parents,

A mon épouse et ma petite fille.

Remerciements

Je remercie du fond du cœur tous ceux là qui m'ont encouragé à mener à termes ces travaux. Ils sont assez nombreux, je vais quand même me risquer de lister des noms.

Tout d'abord, à mon encadreur Monsieur le Professeur *Michel TCHOTSOUA*, Responsable du Laboratoire de Géomatique où nous avons effectué le stage. Il n'a ménagé aucun effort me permettant de mener à bien ces travaux.

Mes remerciements vont également à l'endroit du Docteur *MVOGO Joseph*, Responsable du *Master IA-SIG (Informatique Appliquée aux SIG)*. A tout le corps enseignant venu d'horizons divers pour nous transmettre ces précieuses connaissances dans les sciences de l'information géographique. Au corps administratif du Master et en particulier à son Coordonateur Monsieur *MOUTOME Marcel*. Nous saluons par la même occasion le partenariat entre l'Université de Douala, l'ENSG, l'UPEMLV et l'AUF. Fructueux partenariat qui a abouti à la mise en place de cette formation professionnelle assez importante dans notre contexte actuel.

Aux membres de l'équipe du Laboratoire de Géomatique : *AOUDOU DOUA Sylvain, GONDIE Hervé*, ... A tous les étudiants de Master du Département de Géographie qui nous ont aidés à faire le terrain. Je pense à PETNA Simon, ATANGANA Hyacinthe, ANABA, MAGNI, ...

A tous mes camarades de la première promotion du *Master IA-SIG* avec qui nous avons relevé ce grand chalenge qu'est la formation à distance.

A mes nombreux camarades et amis de l'Université de Ngaoundéré (*Franklin, Patrick, Sylvestre, Aliou, Zéphyrin*, ...).

A mes grands parents Révérend *OUSMANOU Emmanuel* et son épouse Madame *HABIBA Elizabeth*.

A mes chers petits frères et sœurs (*Paty, Hans, Myriam, Titi et Kévin*).

A toute ma grande famille ainsi que ma belle-famille.

A tous mes collègues de service.

A mes chers amis du CAPS (*Cyrille, Christian et Rodrigue*).

Résumé

Les domaines de compétence des collectivités territoriales décentralisées (CTD) au Cameroun ont été renforcés à la faveur de certains décrets promulgués. Afin d'assurer une bonne gestion des infrastructures et équipements construits, de mieux programmer leur maintenance et/ou construction de nouveaux, des données factuelles précises, complètes et régulièrement mises à jour doivent être disponibles. La mise en place des systèmes d'information (SI) est une solution adéquate. Nous avons, dans le cadre des travaux menés au Laboratoire de Géomatique de l'Université de Ngaoundéré, réalisé une base de données pour la gestion des données urbaines de Ngaoundéré. A partir d'une image de la ville que nous avons géoréférencée, nous avons créé une base de données cartographiques et alphanumériques. La base de données est alimentée à partir des données recueillies sur le terrain. Nous avons également développé une interface de communication avec la base de données. Nous avons utilisé des scripts PHP pour la récupération des données saisies à partir des formulaires et leur transfert dans la base de données. Le contrôle des données saisies par les utilisateurs est assuré par des codes JavaScript. Tous ces travaux ont été réalisés à partir d'applications disponibles sous licence libre, solution idoine pour nos CTD. Ce travail s'inscrit dans le projet de la mise en place du « *portail géoéconomique* » de la ville de Ngaoundéré.

Mots-clés : donnée urbaine, gestion des données urbaines, Ngaoundéré, géomatique, logiciel libre de SIG, système d'information géographique, base de données urbaines, Communauté territoriale décentralisée (CTD).

Informatique appliquée aux systèmes d'information géographique en ligne :
Création de la base de données urbaines de Ngaoundéré.

Informatique appliquée aux systèmes d'information géographique en ligne :
Création de la base de données urbaines de Ngaoundéré.

Table de matières

Liste des figures

Abréviations

AUF : Agence Universitaire de la Francophonie ;

BDD : Base de Données Distribuées ;

BDU : Base de Données Urbaines ;

CTD : Collectivité Territoriale Décentralisée ;

EDU : Entrepôt de Données Urbaines ;

EGNOS : European Geostationary Navigation Overlay System (Service Européen de Navigation par Recouvrement Géostationnaire) ;

ENSG : Ecole Nationale des Sciences Géographiques ;

ESRI : Environmental Systems Research Institute Inc. ;

FALSH : Faculté des Arts Lettres et Sciences Humaines ;

GiST : Generilized Search Tree ;

GPL : GNU Public Licence ;

GPS : Global Positioning System ;

GRASS : Geographical Resources Analysis Support System ;

HTML : Hyper Text Mark-up Language ;

IA-SIG : Informatique Appliquée aux SIG ;

LG : Laboratoire de Géomatique ;

OGC : Open GIS Consortium ;

PACDDU : Programme d'Appui aux Capacités Décentralisées de Développement Urbain ;

PAM : Plan d'Ajustement Municipal ;

PDU : Plan de Développement Urbain ;

PEP : Programme d'Entretien Prioritaire ;

PHP : Hypertext Preprocessor ;

PIP : Programme d'Investissement Prioritaire ;

PLU : Plan Local d'Urbanisation ;

POS : Plan d'Occupation des Sols ;

QGIS : Quantum GIS ;

RGU : Répertoire Géographique Urbain ;

SGBDOR : SGBD Objet/Relational ;

SGBDS : Système de Gestion de Base de Données Spatiales ;

SIG : Système d'Informations Géographiques ;

SIL : Système d'Information Localisée ;

SIM : Système d'Information de Management ;

SIT : Système d'Information sur le Territoire ;

SIU : Système d'Information Urbain ;

SMAUL : Schéma Minimal d'Aménagement Urbain Local ;

UN : Université de Ngaoundéré ;

UPEMLV : Université Paris Est Marne-La-Vallée ;

USB : Universal Serial Bus ;

WAAS : Wide Area Augmentation System (Système d'aide à la navigation).

Introduction générale

La ville de Ngaoundéré, comme beaucoup d'autres villes du Cameroun ou de l'Afrique, connaît ces dernières années un important développement spatio-démographique. La population est sans cesse croissante. Cette croissance de la population implique une multitude de nouveaux problèmes à résoudre. On observe une augmentation de besoins en terme de logements et d'alimentation, en terme d'infrastructures urbaines et de réseaux urbains, etc. Les infrastructures urbaines regroupent entre autres les **infrastructures scolaires, sanitaires, religieuses, touristiques, sportives, administratives, commerciales,** et de **transports.** Les **réseaux urbains** quant-à eux sont constitués de la **voirie,** des **réseaux électrique, téléphonique, d'assainissement, d'adduction d'eau,** d'écoulement des eaux usées, etc.

Selon les nouveaux décrets sur la décentralisation et la déconcentration au Cameroun, *(loi n° 2004-17 du 22 juillet 2004 d'orientation de la décentralisation, loi n°2004-18 du 22 juillet 2004 fixant les règles applicables aux communes et la loi n°2004-19 du 22 juillet 2004 fixant les règles applicables aux régions)* les collectivités territoriales décentralisées *(CTD)* ont en charge la mise en place et la gestion de ces équipements sociaux qui concourent au bien être des populations.

Pour mieux gérer ces infrastructures, des données factuelles précises, complètes et régulièrement actualisées doivent être disponibles. Ces données permettront d'avoir une meilleure visibilité sur l'existant et de mieux planifier les différents projets à venir.

Dans le cadre des travaux du **Master Professionnel en Informatique Appliquée aux Systèmes d'Information Géographique (IA-SIG)** offert par *l'Université de Douala* en partenariat avec *l'Université Paris Est Marne-La-Vallée (UPEMLV)*, *l'Ecole Nationale des Sciences Géographiques (ENSG)* de France et *l'Agence universitaire de la Francophonie (AUF)*, il est exigé à l'apprenant, après la phase des cours théoriques et pratiques qui durent 06 mois, à être en situation de stage dans une structure pouvant non seulement lui permettre d'appliquer les connaissances acquises, mais aussi de réaliser son projet professionnel. Le notre s'est déroulé au sein du **Laboratoire de Géomatique (LG)** de la **Faculté des Arts Lettres et Sciences Humaines (FALSH)** à **l'Université de Ngaoundéré (UN)**, sous l'encadrement de son Responsable qui est par ailleurs Chef du Département de Géographie de la même Université. Ce stage a eu pour objectif principal le développement d'une base de données urbaines (BDU) pour Ngaoundéré.

Ngaoundéré est une ville qui connaît de grandes mutations urbaines avec plus de 400 000 habitants et une superficie d'environ 17 196 km². Au vue de l'augmentation sans cesse de sa population et des surfaces bâties, elle est aujourd'hui composée de trois Communes Rurales et d'une Communauté Urbaine. Ces nombreux changements imposent un suivi plus méticuleux des divers plans d'urbanisation et une meilleure gestion des infrastructures existantes.

A partir d'une image satellitaire d'une résolution d'un mettre, acquise en 2009 par mozaillicage d'images obtenues des satellites IKONOS et QUICKBIRD à partir de Google Earth Image Downloader et qui a été mise à notre disposition par le Laboratoire de Géomatique, nous avons :

- **Géoréférencer l'image ;**
- **Créer et implémenter le modèle conceptuel de la base de données ;**
- **Créer une interface de gestion de la base de données ;**
- **Créer et faire projeter sur la carte, des couches d'informations.**

De nombreux travaux de bases de données géographiques ont été réalisés sur la ville de Ngaoundéré. Mais ces travaux ont été jusque là réalisés avec des logiciels propriétaires assez onéreux (plusieurs millions de francs CFA). Les travaux ainsi réalisés manquaient quelques fois de précisions. Le grand défi pour nous a été d'abord de briser les préjugés des uns et des autres sur les logiciels libres ; ensuite de montrer la possibilité pour les logiciels libres de faire le même travail professionnel et, quelque fois mieux que les logiciels propriétaires. Enfin, pour ne pas perdre les données antérieurement collectées, nous avons essayé de montrer l'interaction entre les applications créées avec les logiciels libres et celles créées avec les logiciels propriétaires, disponibles au LG.

Ce livre sera structuré autour de 03 chapitres. Le premier chapitre décrira la structure où ont été menées les recherches, le cadre géographique de travail, et les travaux effectués. Le second chapitre sera consacré à la présentation de la base de données développée et des outils utilisés. Enfin, le troisième et dernier chapitre présentera les résultats obtenus de même que l'interface d'utilisation de l'application. Ce travail s'inscrivant dans le cadre du projet de développement d'une base de données distribuées pour la réalisation du plan de développement urbain de Ngaoundéré, des perspectives seront données en même temps que la conclusion du livre.

*Informatique appliquée aux systèmes d'information géographique en ligne :
Création de la base de données urbaines de Ngaoundéré.*

Chapitre I : Présentation du cadre de travail et du déroulé des travaux

Nos travaux ont été effectués au Laboratoire de Géomatique (LG) de l'Université de Ngaoundéré. Nous commencerons par décrire cette structure consacrée à la recherche dans les différents domaines de la géomatique. Nous ferons ensuite une description du cadre géographique de travail (la ville de Ngaoundéré), en présentant les grands chantiers urbains qui y ont cours. Nous finirons le chapitre en parlant des travaux menés.

1. Présentation du Laboratoire de Géomatique

Le Laboratoire de Géomatique (LG) est rattaché au Département de Géographie de la Faculté des Arts, Lettres et Sciences Humaines à l'Université de Ngaoundéré. Ngaoundéré est située dans la partie septentrionale du Cameroun, pays de la zone Afrique Centrale.

Le LG (http://labogeomatique-un.org/) est constitué d'une dizaine de postes informatiques reliés en réseau sur lesquels les étudiants et les chercheurs font les divers travaux. Il dispose également d'imprimantes et scanners de formats A3 et A2. Pour ses travaux, le LG est doté de plusieurs images (aériennes, satellitaires, Landsat, ...) du Cameroun et des pays voisins tels que le Tchad, la République Centrafricaine. On y retrouve également les données cartographiques au 1/50 000e, 1/200 000e, 1/500 000e.

De nombreux logiciels de géomatique sont utilisés. Ils sont pour la plupart payants et aux formats propriétaires. Nous pouvons citer MapInfo Professionnal, Adobe Illustrator, Inskape, StatGraphics, etc. Tous ces logiciels sont propriétaires et commercialisés. L'un des défis majeurs pour nous, dans la

5

réalisation de ces travaux, a été de proposer des logiciels équivalents en version libre et/ou gratuite.

Le LG a plusieurs objectifs, parmi lesquels nous pouvons citer : la constitution d'un fonds documentaire alimenté par les mémoires et thèses des étudiants, la publication d'articles et ouvrages ; l'établissement de partenariats divers ; l'expertise, la participation à la gestion de l'environnement et du développement durable.

Plusieurs projets de recherche ont été menés au LG. D'autres sont en cours. L'on peut citer celui de la réalisation d'une base de données distribuée (BDD) pour la mise en place du plan de développement urbain (PDU) de Ngaoundéré, auquel nous avons été associés.

Les principaux axes de recherche du LG sont :

- la cartographie assistée par ordinateur ;
- les SIG, la télédétection et le géo-positionnement ;
- l'analyse, l'intégration des données spatiales, socio-économiques et les modélisations en vue de l'aide à la décision ;
- l'utilisation des données multimédia et la gestion partagée des données.

Depuis d'année académique 2010/2011, le LG offre un MASTER II en formation à distance. Il est intitulé **MASTER GAGER (Géomatique, Aménagement et Gestion des Ressources)** et s'adresse aux titulaires d'un MASTER I en Géographie, Sciences de la Terre, Sciences de la Vie, Production et santé animale, Ingénierie agricole ou en Environnement. Nous dispensons dans ce cursus le cours sur les **bases de données géographiques**. L'adresse du site de la plateforme de la formation à distance est www.gagarelg-un.org/.

2. Présentation du cadre géographique de travail (Ngaoundéré)

Le cadre géographique de travail est la ville de Ngaoundéré (**figure 1**). Nos travaux de création de la base de données urbaines ont été réalisés à partir d'une image de cette ville qui nous a été fournie par le LG.

6

Ngaoundéré est situé à mi-chemin entre le Sud et le Nord du Cameroun ; ce qui fait d'elle une zone de transit pour les personnes et le fret. Son climat attrayant fait venir des populations de tous les coins du Cameroun (le Sud humide et le Nord chaud). Les populations du Tchad et du Nigeria viennent également s'y installer. Plusieurs villages dans la région métropolitaine dépendent de Ngaoundéré et vice versa. Il s'agit principalement de Dang (ville universitaire), Wakwa et les villes secondaires dans la zone de Ngaoundéré. Cette ville a été le chef-lieu de la Province de l'Adamaoua (aujourd'hui transformée en Région de l'Adamaoua) depuis Août 1983. Elle est également le chef-lieu du Département de la Vina. Jusqu'en Avril 2007, Ngaoundéré était doté d'une Commune Urbaine et d'une Commune Rurale. Le *Décret présidentiel N° 2007/117 du 24/04/2007* a divisé la ville en trois arrondissements et trois municipalités à savoir :

- *Ngaoundéré Ier avec pour chef-lieu Mbideng ;*
- *Ngaoundéré IIe ayant pour chef-lieu Mabanga ;*
- *Ngaoundéré IIIe dont le chef-lieu est Dang.*

Une Communauté Urbaine, qui a pour mission de coordonner la planification, l'aménagement et la gestion de trois communes d'arrondissement a été créée par le *Décret présidentiel du 17 Janvier 2008.*

Ngaoundéré connaît une extension incontrôlée de sa population et de l'occupation des sols. Selon le *troisième recensement général de la population et de l'habitat (3ème RGPH)*, Ngaoundéré comptait en 2005, 262 700 habitants. En 2010, elle aurait compté environ 400 000 habitants. Les estimations montrent qu'un peu plus de 300 personnes arrivent chaque jour à Ngaoundéré sans jamais plus repartir. L'extension incontrôlée de la population et de l'occupation des sols a pour conséquence immédiate la mauvaise répartition des services sociaux urbains de base. Certains de ces infrastructures ou équipements sont sur-utilisés alors que d'autres sont sous-utilisés.

Figure 1 : Carte de localisation de la ville de Ngaoundéré[1]

3. Description des grands chantiers urbains de Ngaoundéré

Des études commandées ont été menées par des Cabinets afin de proposer des plans d'aménagement urbain pour Ngaoundéré. Les résultats de ces études visent à aider les administrateurs dans l'orientation des priorités à suivre, même comme ces résultats sont difficilement suivis ou alors implémentés. Aux Services de la Communication et du Partenariat Local et celui Technique de la Communauté Urbaine de Ngaoundéré, nous avons recueilli des informations au sujet de ces études.

Source : [GONDIE, 2006]

8

Le schéma minimal d'aménagement urbain local (SMAUL) commandé par le Programme d'Appui aux Capacités Décentralisées de Développement Urbain (PACDDU) a été livré en mai 2008. Il a pour objectif de fournir *un outil simplifié pour la gestion urbaine planifiée et durable acceptés par les différentes parties prenantes et les acteurs locaux.*

Le SMAUL de Ngaoundéré s'est fait en trois phases. La première phase a permis d'obtenir des images satellitaires et de recueillir un ensemble d'information sur les sites.

La seconde phase s'est appesantie quant-à elle, sur le diagnostic de la situation existante avec un accent sur le site naturel, l'environnement créé, la base économique, la population et le développement social urbain, les finances locales, le partenariat et la gouvernance locale, l'analyse des problèmes et l'orientation stratégique.

Enfin, la troisième phase a consisté en la préparation d'un programme de développement urbain (PDU) stratégique pour Ngaoundéré avec consultation des parties prenantes et acteurs locaux.

Selon le SMAUL, bien que Ngaoundéré, alors Capitale provinciale de l'Adamaoua, dispose d'un site naturel panoramique et bien drainé, l'on remarque un développement non planifié. Pourtant, ce développement peut être planifié, mis-à-jour et étendu systématiquement pour offrir un environnement beau, salubre, sécurisé, confortable et fonctionnel qui fournit des opportunités équitables à tous ses habitants et visiteurs. Pour ce faire, la situation actuelle dans laquelle les intérêts individuels et privés dominent sur les intérêts publics doit être renversée sans toutefois minimiser les intérêts individuels et privés.

Le programme d'investissement prioritaire (PIP) et le programme d'entretien prioritaire (PEP) ont également été commandés par le PACDDU, à la suite des travaux du SMAUL et du programme d'ajustement municipal (PAM). Ces travaux ont été livrés en août 2008. Ils font une synthèse comprenant les projets d'infrastructures et autres services collectifs ou sociaux primaires programmés sur cinq années à venir tant en investissement qu'en entretien.

Le PIP est constitué d'un ensemble de projets liés aux travaux neufs ou à la réhabilitation consistante des infrastructures déjà existantes et connaissant un niveau de dégradation très avancé du fait de la vétusté ou de l'absence d'entretien et de maintenance.

Le PEP quant-à lui a pour objectifs de donner une valeur estimative de 'entretien communal existant et futur (prévu dans le PIP). Il complète les actions entreprises par la ville.

4. Travaux SIG sur Ngaoundéré

De nombreux travaux, visant à créer des systèmes d'infomations pour 'aide à la gestion des données urbaines ont été menés relativement à la ville de Ngaoundéré. Chacun des travaux traite, avec une touche particulière, d'un aspect du vaste et complexe domaine du secteur urbain. Nous avons eu la possibilité d'étudier cetains de ces travaux. Nous présentons ici celui auquel nous avons eu accès, à savoir la base de données de la voirie urbaine de Ngaoundéré.

Ces travaux menés par le LG ont permis d'utiliser la géomatique pour le suivi de l'état d'entretien de la voirie urbaine de Ngaoundéré.

La géomatique permet de traiter et combiner des données de natures diverses. Elle est l'ensemble des traitements informatiques effectués sur des données géographiques. La voirie quant-à elle est tout système ou combinaison des voies dans une ville. La *figure 2* présente le réseau routier de la ville de Ngaoundéré.

Il ressort de cette étude menée en 2001 que Ngaoundéré dispose de :

- 1,6 km de rues bitumées, non dégradées avec trottoir et caniveaux aménagés et entretenus, soit 4,7% du réseau prioritaire (34,15 km au total) ;
- 16,65 km de rues bitumées non dégradées, sans trottoir et avec caniveaux non entretenus, soit 48,75% du réseau prioritaire ;
- 9,65 km de routes bitumées dégradées, soit 28,25% du réseau prioritaire ;
- 6,25 km de routes bitmées, profondement dégradées (18,30% du réseau prioritaire).

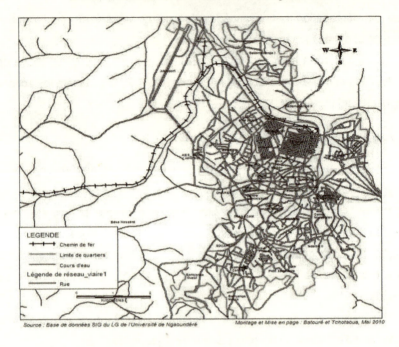

Figure 2 : Voirie de la ville de Ngaoundéré

Pour mieux illustrer cette répartition, une base de données géographiques a été construite à partir du SIG MapInfo Professionnel. Elle représente une couche au dessus de l'image de la ville de Ngaoundéré. La couche a été extraite de l'image ASTER et complétée par des levés de terrain. D'autres travaux ont également permis de créer des couches sur la carte de Ngaoundéré. Ces couches sont entre autres : la couche des infrastructures commerciales, la couche des lieux dits, la couche des habitations, la couche des établissements religieux.

La *figure 3* illustre un exemple de données ou encore couche d'information et leur représentation sur la carte. La mise en communication entre la représentation sur la carte et les données est faite par des liaisons *object data base connectivity (ODBC)*. Un travail similaire a été effectué à partir du logiciel IDRISI, également au Laboratoire de Géomatique de la FALSH.

11

Informatique appliquée aux systèmes d'information géographique en ligne :
Création de la base de données urbaines de Ngaoundéré.

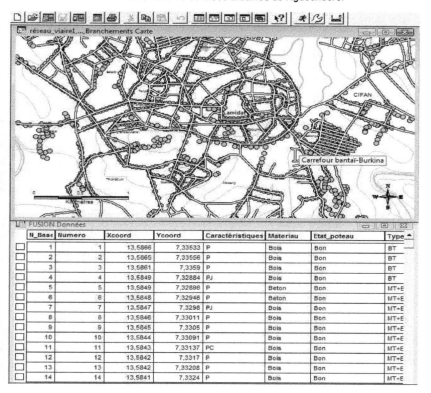

Figure 3 : Représentation des données cartographiques et alphanumériques
extraites de la base

5. Travaux effectués

Nous avons effectué un séjour de recherche au *Laboratoire de*
Géomatique (LG) de l'Université de Ngaoundéré, sous l'encadrement de son
Responsable, également Chef du Département de Géographie. Nous avons
grandement bénéficié de l'aide des doctorants et des étudiants en Master de ce
Département qui nous ont aidés à nous familiariser avec les outils et concepts
géographiques et aussi à collecter des données sur le terrain. Le travail global
assigné a été la réalisation de la base de données urbaines (BDU) de
Ngaoundéré. Ce travail s'inscrit dans le cadre d'un projet de réalisation d'une

12

base de données distribuées (BDD) pour la mise en œuvre du plan de développement urbain (PDU) de Ngaoundéré. Le défi à relever, par rapport aux précédentes bases de données mises en place, est l'utilisation d'applications libres, solution économique idoine pour les Communautés, qui doivent consommer ces produits, et aussi les Laboratoires qui doivent les concevoir et les développer. L'autre défis ou innovation a été d'utiliser un système de gestion de bases de données spatiales (SGBDS) pour l'implémentation du modèle conceptuel de la base.

Pour réaliser ces tâches, nous avons eu à utiliser de nombreuses connaissances non seulement informatiques, mais aussi géographiques. La structure d'accueil et ses dynamiques membres nous ont été d'une aide indéniable pour la mise en œuvre concrète du projet. Pour le réaliser, nous avons utilisé des applications telles que le *système d'information géographique Quantum GIS, le SGBDS Post GIS (extension spatiale de PostgreSQL), GRASS pour la création des couches vecteurs, KompoZer pour la création d'interface de gestion de la base de données, le langage de programmation PHP pour nos scripts.*

Après cette présentation de la structure d'accueil, du cadre de travail et des tâches assignées lors du séjour de recherche, nous allons dans le chapitre suivant expliciter les approches que nous avons adoptées pour lesdites tâches.

Chapitre II : Développement de la BDU

Nos travaux ont porté sur la réalisation, à partir d'outils libres, d'une base de données urbaines. Ce travail servira d'éléments pour la réalisation d'une base de données distribuées en vue de la mise en place du plan de développement urbain de Ngaoundéré. Ce chapitre a de ce fait un intérêt capital dans la réalisation de ce travail et même du projet entier. Nous commencerons par donner l'importance d'une base de données urbaines. Nous décrirons les outils utilisés en donnant leur mode d'installation à la fois dans les systèmes d'exploitation Windows et Ubuntu. Ces deux systèmes sont ceux sur lesquels nous avons travaillé. Le reste du chapitre sera consacré à la description des travaux menés pour créer ladite base de données.

1. Définition et intérêt d'une BDU

L'avènement des techniques plus rapides et efficaces de traitement et de gestion de l'information, la mise en place des systèmes d'informations et des moyens d'échanges de celles-ci ont favorisé le développement d'outils performants de gestion de l'information de masse dans des secteurs variés. Les sciences de l'information à références spatiales n'ont pas été en reste. Ils sont ainsi nés les *systèmes d'information géographique (SIG)*. A la faveur des nombreuses avancées technologiques, ces systèmes ont aussi évolué et sont devenus encore plus diversifiés et spécialisés. Il existe les *systèmes d'information de management (SIM), les systèmes d'information localisées (SIL), les systèmes d'information de l'environnement (SIE), les systèmes d'information sur le territoire (SIT), les systèmes d'information urbain (SIU), les bases ou banques de données urbaines (BDU), les répertoires géographique urbain*

(RGU), les entrepôts de données urbaines (EDU)… Cette multitude dénote de l'importance des systèmes d'informations pour l'aide a la gestion des collectivités territoriales décentralisées (CTD). Selon [BORDIN 2002], les CTD sont parmi les premiers utilisateurs dans le temps, en volume et en termes d'informations exploitées car elles traitent une grande quantité d'informations géographiques de types variés (vecteur, raster, données alphanumériques), de thèmes très divers (patrimoine, voirie, espace vert, réseaux, …) et dans de cadres d'applications nombreuses et différentes (gestion, aide à la décision, communication).

Les « *collectivités sont par essence des territoires sur lesquels tout est géo-positionnable et donc représentable à partir d'une carte* »[2]. Ceci favorise 'utilisation des SIG dans plusieurs domaines. Dans les collectivités, nous avons es points suivants (source [BORDIN 2002]) :

- **Urbanisme** : gestion du droit des sols, permis de construire, POS/PLU, gestion du cadastre, suivi des propriétaires, des propriétés bâties et non bâties, … ;

- **Voirie** : gestion de la voirie, des accidents, de la circulation, l'aménagement et l'amélioration de la voie et des routes, l'implantation de nouvelles voies, … ;

- **Transport et logistique** : gestion des feux de signalisation, ramassage scolaire, calcul d'itinéraires pour le transport collectif, optimisation de la collecte des déchets, … ;

- **Environnement** : gestion des espaces verts, gestion des arbres d'alignement, plan de paysage, gestion des risques, plan de secours, définition des zones inondables, … ;

- **Patrimoine** : gestion du patrimoine foncier, gestion des équipements, du mobilier urbain, l'observatoire sur l'occupation du domaine public, … ;

- **Réseaux d'eaux** : adduction d'eau potable, gestion du réseau d'assainissement, des eaux usées, pluviales, des stations

---

J.-F. Ferraille dans « Les SIG sur Internet ou quand les cartes deviennent interactives » rticle du 31 janvier 2001 sur www.netlocalactu.com/tech/articles/sig_internet.html

d'épuration et de pompage, ... ;

- **Gestion de réseaux** : gaz, télécommunication, éclairage public, distribution d'énergie, ... ;

- **Information socio-économiques et démographiques** : suivi de l'évolution de la population, de l'habitat, ... ;

- **Aménagement** : planification spatiale, étude d'implantation de lotissement, ... ;

- **Autres** : tourisme, gestion des équipements sportifs, consultation et information du public, définition de zonages divers (quartiers, arrondissements, plan d'occupation de sols, cartes scolaires, bureaux de votes, ...).

Plusieurs rôles différents sont assignés aux systèmes mis en place, relativement à leurs fonctionnalités. Ils peuvent servir à :

- Gérer, traiter, représenter, diffuser des données géographiques ;

- Gérer des informations techniques thématiques (participation aux fonctions des services techniques) ;

- Communiquer en soumettant aux élus et à la population des documents cartographiques synthétisant par exemple l'avancée des projets et des travaux entrepris ou valorisant ce qui a été fait ;

- Analyser et aider à la décision, en mettant en évidence des corrélations spatiales ou en présentant plusieurs scénarii (participation aux fonctions techniques et décisionnelles).

Pour mettre en œuvre ces systèmes, nous utilisons des outils (logiciels, équipements, cartes, images...). Nous décrirons dans la suite les principaux que nous avons utilisés.

2. Description des outils (équipements, logiciels et cartes) utilisés

Nous avons effectué nos travaux à l'aide de certains équipements et bien sûr logiciels. Comme équipements, nous pouvons citer un ordinateur de bureau Pentium IV (1,8 GHz de fréquence), disposant de 2 Go de mémoire RAM

(Random Access Memory) et du système d'exploitation Ubuntu version 10.4 installé ; un ordinateur portable de marque HP Compaq 6730s, disposant de 2 Giga-octets de mémoire vive dont 1,96 Giga-octets pour le système et 64 Mo pour la vidéo, de 160 Giga-octets de disque dur, deux processeurs cadencés à 1,8 Gigahertz chacun, en dual boot. Le premier boot est Ubuntu version 10.4 dénommée Lucid. Le second boot est Windows Vista Edition Premium. Cette possibilité de double boot nous a permis de faire nos tests sur les deux systèmes d'exploitation et de mieux comparer les résultats des travaux. Le but ultime étant de créer un passage entre les applications propriétaires fonctionnant sur les systèmes d'exploitation propriétaires ; et les logiciels libres fonctionnant sur ces mêmes systèmes et fonctionnant aussi sur les systèmes d'exploitation libres. Nous avons donc fait les travaux à la fois sur Windows et sur Linux, pour les mêmes applications.

Pour la collecte des coordonnées sur le terrain, nous avons utilisé des *GPS GARMIN 60* (*figure 4*) disponible au LG. Ces GPS compatibles *WAAS/EGNOS* (pour l'amélioration de la précision de 5 à 25 m à mois de 5 m), possède 1 Mo de mémoire interne pour stocker des points d'intérêts ; un mode de navigation spécial Géocache ; Interface USB et série ; Antenne interne quad-hélix ; Alertes de proximité. Ses caractéristiques de navigation sont :

- *Waypoints* : 500 avec nom et symbole graphiques, 10 waypoints les plus proches (automatique), 10 waypoints de proximité ;
- *Routes* : 50 routes réversibles de 250 points chacune, modes TracBack et fonction MOB ;
- *Traces* : 10000 points de trace automatique ; 20 traces enregistrables de 500 points chacune ;
- *Ordinateur de voyage* : vitesse actuelle, vitesse moyenne, vitesse maximum (avec remise à zéro), temps de voyage et distance parcourue ;
- *Alarmes* : ancrage, approche et arrivée, hors route, waypoint de proximité, bas-fonds, hauts-fonds ;

18

- **Tables** : meilleurs moments pour la pêche et la chasse, lever/coucher de lune/soleil ;
- **Systèmes géodésiques** : plus de 100, ainsi qu'un datum utilisateur.

Figure 4 : GPS Garmin 60[3]

Pour extraire les données du GPS Garmin, nous avons utilisé le logiciel **MapSource**. MapSource aide à planifier des itinéraires et permet le transfert de cartes, de Waypoints, de routes et de pistes depuis votre ordinateur vers votre appareil Garmin. Malheureusement, il n'est utilisable que sur les systèmes d'exploitation Windows. Les fichiers extraits sont au format *.gdb*. Il nous a fallu les transformer en *.gpx* pour pouvoir les utiliser sur QGIS. Sur QGIS, les données GPS sont téléchargées et gérés à partir de l'outil **gpsbabel**.

Comme application SIG, nous avons utilisé **Quantum GIS** pour effectuer les travaux. Quantum GIS ou plus simplement QGIS, *est un système d'information géographique libre, multiplateforme et publié sous licence GPL*[4]. Il gère à la fois les formats d'images matricielles et vectorielles ainsi que les bases de données géographiques. Il prend en charge les archives

---

[3]   Source : http://www.egyptfishing.com/
[4]   GPL : GNU Public Licence

vectorielles **shapefiles**[5] et peut être couplé au SIG GRASS[6] par des modules d'extensions.

Par ailleurs, QGIS dispose (par défaut) d'une dizaine de modules, dont :

* **un module de lecture/écriture de données GPS**[7], basé sur le programme gpsbabel ;
* **un module de projection et de reprojection** géré par la librairie externe Proj4 ;
* **un module de gestion de formats**. La librairie OGR pour les formats de types vecteurs et GDAL pour les formats de type rasters ;
* **un module d'analyse thématique et d'affichage** ;
* **un module de mise en page**. C'est le cartographeur ;
* **un module de requêtes** permettant de réaliser des requêtes SQL sur la table attributaire d'une couche ;
* **un module d'interfaçage avec GRASS**.

Pour créer notre base de données et la faire interagir avec Quantum GIS, nous avons utilisé **PostGIS**. PostGIS est l'extension spatiale du logiciel libre **PostgreSQL**[8] qui lui confère le statut de *Système de Gestion de Bases de Données (SGBD) relationnel et objet géospatial*. PostGIS permet la gestion des index spatiaux de type "arbres de recherches généralisés" (GiST) sur arbre R, et des fonctions de calcul et d'analyse des objets géographiques. Il interagit avec QGIS. Il assure le stockage d'objets géographiques et leur traitement spatial dans une base de données au même titre que l'extension SPATIAL d'Oracle et SDE d'ESRI (Environmental Systems Research Institute Inc.) qui par contre sont propriétaires et commercialisés.

Nous avons également eu à utiliser le logiciel **GRASS (Geographical Resources Analysis Support System)** qui a initialement été créé par l'armée

---

Shapefiles ou « fichiers de formes » est un format de fichier décrivant l'information liée à la géométrie des objets. Son extension classique est SHP. Ce fichier est accompagné d'autres fichiers de même nom mais d'extension différente.
Geographical Resources Analysis Support System.
GPS : Global Positioning System.
PostgreSQL est un SGBD Relationnel et objet libre et disponible sous licence BSD.

américaine pour ses besoins et est aujourd'hui sous licence GPL. Il est plus adapté pour la gestion des données vectorielles et permet le traitement des images (détection de bords, détection de forme, transformée de Fourier...), la possibilité de se connecter à des bases de données et de sortir les cartes en format images. Il peut également interagir avec le SGBD PostgreSQL et être interfacé avec Quantum GIS. Le premier travail fait a été de géoréférencer l'image acquise de Ngaoundéré.

3. Géoréférencement de l'image de Ngaoundéré

Ce travail a été réalisé à partir de QGIS, la version 1.5.0-Téthys (*figure 5*), qui a de nombreuses fonctionnalités et une interface rendue plus ergonomique. Comme mentionné plus haut, c'est une application libre, que l'on peut obtenir par téléchargement à partir du site Internet http://www.qgis.org/wiki/DownloadFr. Pour Windows, deux possibilités existent. La possibilité en mode « *stand alone* » ou *indépendant*. Cette version comporte toutes les dépendances nécessaires aux fonctions et aux extensions principales et inclut GRASS. Il existe également la possibilité de faire une installation en mode connecté par « *l'installateur réseau OSGeo4* ». Cette version est conseillée si l'on veut mettre à jour les dépendances de manière personnalisée.

QGIS n'est pas dans le dépôt des paquets d'Ubuntu. Pour son installation sur ce système d'exploitation, il faut premièrement rajouter les paquets dans le miroir. Cela se fait par la commande suivante à exécuter en mode super utilisateur ou administrateur : *sudo add-apt-repositiry ppa :ubuntugis/ubuntugis-unstable*. Ensuite, mettre à jour sa distribution du système d'exploitation Ubuntu par la commande : *sudo aptitude update*. Enfin, installer QGIS par la commande : *sudo aptitude install qgis*. Il vous sera requis un espace minimum de 116 Mo sur le disque dur. Des données de tests de l'application peuvent également être téléchargées.

Après installation et démarrage de l'application, l'on obtient l'interface de la **figure 5**. Les principales parties de cette interface sont la *barre de titre, la barre de menus, les barres d'outils, le panneau latéral d'affichage de* l'arborescence des travaux et l'espace central de présentation des travaux. Il y a également une *barre d'état*, située en dessous de l'espace de travail.

Figure 5 : Interface de Quantum GIS 1.5

Afin de placer l'image acquise dans un référentiel mondial, il nous a fallu repérer certains points facilement identifiables à la fois sur l'image et sur le terrain. Nous avons opté pour les carrefours, les ronds-points et les ponts. Une vingtaine de points a été retenu. Nous avons constitué deux équipes pour la descente sur le terrain. A l'aide des GPS, nous avons pris les coordonnées de ces points. La liste de ces coordonnées est fournie en l'annexe 1.

L'on accède au module de géoréférencement (*figure 6*) à partir du *menu extension* ou encore de la *barre d'outils*. L'interface que nous obtenons nous permet de *charger le raster, d'ajouter des points, les déplacer et/ou les supprimer ; de charger ou d'enregistrer les points qui servirons pour le contrôle*. Les coordonnées sont entrées en degré, minutes et secondes.

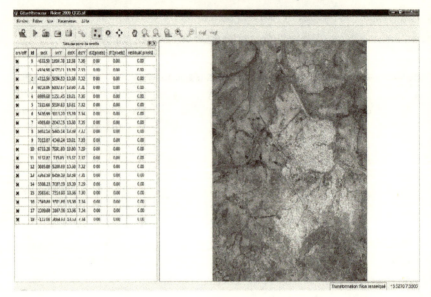

Figure 6 : Interface du géoréférenceur présentant le raster et les points.

A droite, nous avons le raster d'où sont renseignés les points. A gauche, nous avons les points renseignés. Après avoir renseigné les points, nous devons corriger les erreurs résiduelles qui doivent toutes être annulées pour être valides. Le principal avantage de QGIS par rapport à d'autres SIG, est que *QGIS donne une direction et un sens pour la correction des erreurs résiduelles des points*. Ceci permet de gagner énormément de temps lorsque nous géoréférencons avec QGIS.

Après avoir placé les points sur le raster, nous avons déterminé les paramètres de transformation à partir de la fenêtre de la *figure 7*. Pour la projection, nous avons choisi le système de coordonnées de référence linéaire.

Les points ainsi projetés sur l'image nous ont permis de la placer dans un référentiel mondial. A partir des données collectées sur le terrain, les couches peuvent actuellement être créées et utilisées. Nous allons à présent dérouler le procédé pour la création des couches. Plusieurs approches existent pour créer des couches de données. Le tableur Excel et le SGBD Access de la suite bureautique Microsoft Office était jusque là utilisés. Nous avons introduit la possibilité d'utiliser des applications spécialisées comme PostGIS qui a les propriétés d'un SGBD et gère en plus les données spatiales.

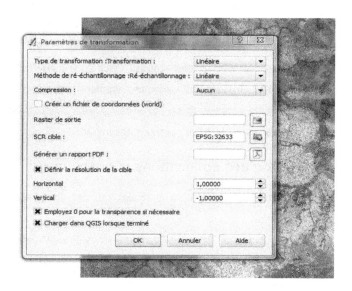

Figure 7 : Paramètres de la transformation

4. Création de la base de données

Pour créer notre base de données et la faire interagir avec Quantum GIS, nous avons utilisé **PostGIS**. PostGIS est l'extension spatiale du logiciel libre PostgreSQL qui confère à ce dernier le statut de Système de Gestion de Bases de Données (SGBD) relationnelles géospatiales. PostGIS permet la gestion des index spatiaux de type *"arbres de recherches généralisés" (GiST)* sur arbre R, et les fonctions de calcul et d'analyse des objets géographiques. Il est utilisé dans QGIS et assure le stockage d'objets géographiques et le traitement spatial dans une base de données au même titre que l'extension *SPATIAL d'Oracle et SDE d'ESRI (Environmental Systems Research Institute Inc.)* qui par contre sont propriétaires et assez onéreux. PostGIS est développé par *la compagnie*

24

Refractions Research Inc. dans le cadre d'un projet de recherche sur les bases de données spatiales. PostGIS supporte un nombre important de fonctionnalités SIG, incluant un support complet de l'OpenGIS, la construction topologique avancée (couvertures, surfaces, réseaux), des interfaces utilisateurs permettant de visualiser et d'éditer des données SIG et des applications accessibles via le web.

Pour utiliser PostGIS, il faut d'abord installer le système de gestion des bases de données PostgreSQL, ensuite installer l'extension PostGIS. Il est également requis un serveur de scripts et un serveur Web. Avant d'utiliser ces applications, nous allons montrer comment les installer.

4.1. Installation des applications utilisées

Nous commencerons par le principal qui est PostgreSQL ensuite les autres.

- *Installation de PostgreSQL.* Sur les systèmes Windows, l'installation de PostgreSQL inclus son serveur *pgAdmin* qui est un outil graphique de gestion et de développement des bases de données. Il inclut également les « *StackBuilder* » qui sont les packages de gestion utilisés pour l'ajout d'extensions et de pilotes. Il peut être téléchargé à partir du site Web : http://www.postgresql.org/download/windows. PostgresSQL étant intégré dans les dépôts pour Ubuntu et presque toutes les autres distributions Linux, nous pouvons utiliser la Logitech pour l'installation qui inclut également pgAdmin et les langages de programmation *PL/Java* et *PL/pgSQL*.

- *Installation de PostGIS.* Sur Windows, il faut télécharger la version correspondante à celle du SGBD PostgreSQL installé. Son exécutable peut s'obtenir du site Web : http://postgis.refractions.net/download/. Le dépôt pour PostGIS est également disponible pour Ubuntu. L'installation peut ainsi se faire à partir de « *aptitude* ».

4.2. La base de données et ses objets

Après les installations, on lance le programme **pgAdmin III** qui est notre interface de travail sur la base de données. Il faut s'assurer que dans le menu latéral gauche, l'on a dans « *base de données* », les bases « *postgis* » et « *template_postgis* » ; et que dans le schéma de la base de données « *postgis* », il existe déjà deux tables, à savoir « *geometry_colomns* » et « *spatial_ref_sys* » (*figure 8*). Tous ces éléments sont indispensables à la gestion et la représentation d'objets géographiques de même que la gestion des données à référence spatiale.

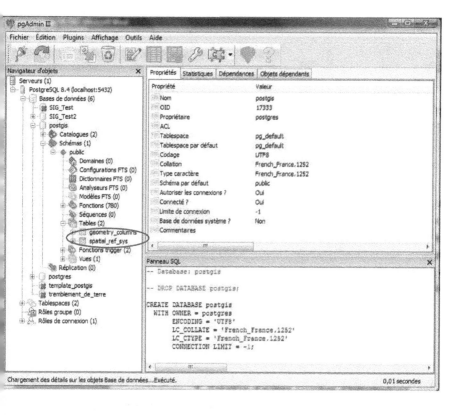

Figure 8 : Interface de gestion des bases de données (pgAdmin III)

La base de données « BDU_Ngaoundere » est créée à partir du menu « *édition* », « *ajouter un objet* », « *ajouter une base de données* » ou encore par un clic droit sur « *Bases de données* » du panneau latéral. La base est créée au modèle *template_postgis*. La **figure 9** présente l'interface de création de la base de données.

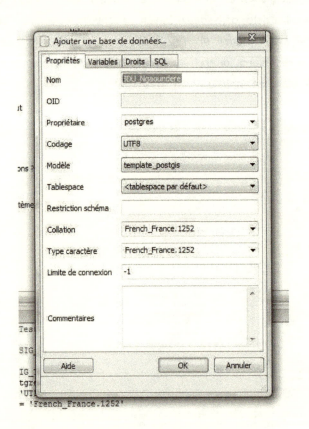

Figure 9 : Interface de création de la base de données

Après avoir créé la base de données, il faut définir son schéma conceptuel. Il existe une relation implicite entre tous les objets (tables, vues, ...) de notre base : ils appartiennent tous à l'image de la ville où ils seront projetés.

Notre but étant de créer une base de données des infrastructures urbaines, nous les avons regroupées premièrement par types. Ces types sont :

- *Les infrastructures sanitaires :* hôpital, centre de santé, pharmacie, clinique ;
- *Les infrastructures scolaires :* maternelle, primaire, secondaire, centre de formation professionnelle ;
- *Les infrastructures religieuses :* église, mosquée ;
- *Les infrastructures touristiques :* hôtel, auberge, monument, site naturel ;
- *Les infrastructures sportives :* stade, gymnase ;
- *Les infrastructures de transport :* interurbain, urbain, aérien, ferroviaire ;
- *Les infrastructures administratives :* délégation régionale et service régional, délégation départementale et service départemental, commandement territorial, sécurité publique, organisme international, organisation non gouvernementale et groupement d'initiative commune ;
- *Les infrastructures financières :* banque, assurance, microfinance, transfert d'argent ;
- *Les infrastructures commerciales :* structure commerciale, marché.

Comme réseaux, nous aurons *la voirie, le réseau des cours d'eaux et celui ferroviaire.*

Avant de présenter le schéma, notons que le type « *point* » de PostgreSQL utiliser pour les objets géographiques, n'ayant pas reçu les fonctions qui permettent leur manipulation conforme à l'OGC, ne permet pas de coder simplement des objets lignes ou surfaces. Il n'est donc pas utilisable pour les applications telles que celles que nous créons. Ainsi, pour profiter de la toute puissance de PostGIS, nous utiliserons le type « *geometry* ».

Pour créer une colonne de type « *geometry* » dans une table de la base de données, on utilise la commande SQL suivante :

```
SELECT AddGeometryColumn('nom_de_la_table',
                'nom_de_la_colonne',
                srid,
                'type_de_géométrie',
                dimension);
```

Dans cette requête, on a :

- le *SRID* (Spatial Reference Identifier) qui est un identifiant de la projection utilisée. Généralement la projection plate carrée, dont l'identifiant est *4326* est utilisée ;

- La dimension est 2 ou 3, selon que les données sont en 2D ou en 3D. Ici, la dimension sera 2 car nous utilisons les données sur le plan.

Il est possible de créer une colonne de type « *geometry* » directement lors de la définition de la table, comme pour les autres colonnes. L'intérêt de passer par la fonction **AddGeometryColumn** est de mettre à jour la table **geometry_columns**. Cette table est utilisée pour les applications qui suivent les recommandations de l'*Open GIS Consortium (OGC)*. La table **geometry_columns** stocke les méta-données sur les colonnes de type « *geometry* ». Ces méta-données sont requises par certaines applications qui suivent les recommandations de l'OGC.

Pour mieux illustrer le travail fait, nous présenterons le schéma pour les tables de types infrastructures sanitaires avant de faire les connexions pour les projections dans QGIS. Le type « *infrastructures sanitaires* » est composé de quatre tables, à savoir : *hôpital, centre de santé, clinique et pharmacie* (**figure 10**).

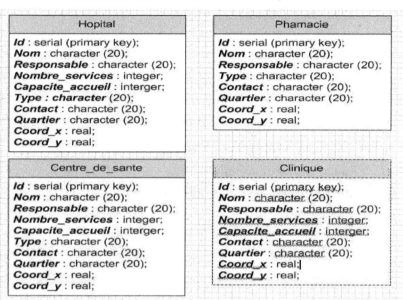

Figure 10 : Schéma des tables de types infrastructures sanitaires, avant l'insertion du type « *geometry* » dans chaque table.

Nous créons les tables à partir de l'interface de *pgAdmin III*. La création de la table nous permet de renseigner : *les propriétés, les options d'héritage, les colonnes ou champs de la table, les contraintes à respecter et d'attribuer des droits.*

Le code SQL de création de la table « *Hopital* » est :

```
CREATE TABLE "Hopital"
(
    id serial NOT NULL,
    nom character(30),
    responsable character(30),
    nombre_services integer DEFAULT 1,
    capacite_accueil integer DEFAULT 1,
    "type" character(20),
    contact character(20),
    quartier character(20),
```

30

```
coord_x real DEFAULT 0,
coord_y real DEFAULT 0,
CONSTRAINT "Hopital_pkey" PRIMARY KEY (id)
)
WITH (
OIDS=FALSE
);
ALTER TABLE "Hopital" OWNER TO bdu_n;
GRANT ALL ON TABLE "Hopital" TO bdu_n;
GRANT ALL ON TABLE "Hopital" TO public;
```

Pour chaque table, puisqu'il y a utilisation des géométries, il nous faut insérer la colonne de type « *geometry* » tel que explicité ci-haut. Pour la table « *Hopital* », nous aurons à exécuter la requête suivante à partir de l'éditeur de requêtes de *pdAdmin III* :

```
SELECT AddGeometryColumn('Hopital', 'pt', 4326, 'GEOMETRY', 2);
```

Pour remplir cette colonne à partir les coordonnées recueillies sur le terrain, il nous faut exécuter la requête suivante :

```
UPDATE    "Hopital"   SET   pt   =   geomFromText('POINT('||"Coord_X"||' '||"Coord_Y"||')', 4326);
```

Ce processus est répété pour toutes les tables de la base de données. Nous aurons ainsi créé le type géométrique et l'alimenté à partir des coordonnées X et Y recueillies sur le terrain.

Pour chaque type d'infrastructures urbaines, au même moment que nous renseignons les données dans la table, ces données sont également copiées dans une table de synthèse. Par exemple pour les infrastructures de type sanitaires, la table de synthèse reprend juste le nom de la structure et sa localisation géographique. Ainsi, sur la carte, en plus de pouvoir projeter des données de chaque type (hôpital, clinique, pharmacie et centre de santé), on peut projeter la table « *infrastructures_sanitaires* » qui regroupe toutes ces structures du domaine sanitaire.

Après la mise en place de la base de données, il faut l'alimenter en informations. Nous avons une fois de plus fait une descente sur le terrain avec une équipe constituée à cet effet. Mais avant, nous avons réalisé des fiches de collecte de données (**annexe 2**) pour chaque entité de la base. Pour pouvoir effectuer nos tests, nous avons décidé dans un premier temps de recueillir les informations sur les infrastructures sanitaires de la ville. Elles ont concerné les *hôpitaux*, les *cliniques*, les *centres de santé* et les *pharmacies*. Chaque type d'infrastructures constitue une entité dans le schéma de la base.

La base de données peut-être alimentée en informations directement du gestionnaire de la base (***figure 11***). Cette approche bien que non professionnelle, est mise en œuvre pour des raisons pédagogiques. Les enregistrements sont directement renseignés après la collecte sur le terrain. Après avoir renseigné les coordonnées X et Y, il faut exécuter la requête de transformation en type géométrique. Pour le point de coordonnées (13.5499, 7.31114), sa transformation après exécution de la requête donne l'information suivante : "0101000020E61000000B24287E8C192B40E6E8F17B9B3E1D40" codé sur 50 caractères et en base numérique 16.

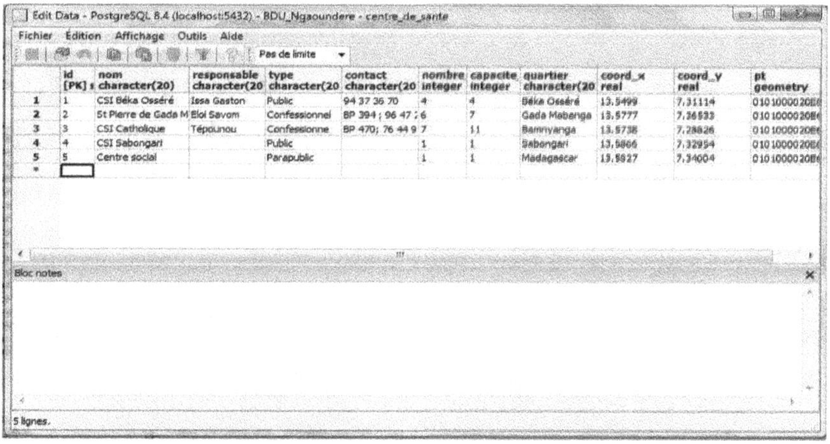
Edit Data - PostgreSQL 8.4 (localhost:5432) - BDU_Ngaoundere - centre_de_sante

Fichier Édition Affichage Outils Aide

Pas de limite

	id [PK] s	nom character(20)	responsable character(20	type character(20	contact character(20	nombre integer	capacite integer	quartier character(20	coord_x real	coord_y real	pt geometry
1	1	CSI Béka Osséré	Issa Gaston	Public	94 37 36 70	4	4	Béka Osséré	13.5499	7.31114	0101000020E
2	2	St Pierre de Gada M	Eloi Savom	Confessionnel	BP 394 ; 96 47 ;	6	7	Gada Mabanga	13.5777	7.36533	0101000020E
3	3	CSI Catholique	Tépounou	Confessionne	BP 470; 76 44 9	7	11	Bamnyanga	13.5738	7.28826	0101000020E
4	4	CSI Sabongari		Public		1	1	Sabongari	13.5866	7.32954	0101000020E
5	5	Centre social		Parapublic		1	1	Madagascar	13.5827	7.34004	0101000020E
*											

Bloc notes

5 lignes.

Figure 11 : Image de l'alimentation de la base de données

Une interface d'utilisation de la base de données qui fait abstraction de ces aspects a été créée. Elle sera présentée au chapitre suivant.

Actuellement que la base de données est mise sur pieds et que quelques informations ont été renseignées, nous allons utiliser QGIS pour la visualisation.

5. Visualisation des données dans QGIS

Après avoir créé la base de données, nous allons à présent projeter les informations sur l'image géoréférencée précédemment. Pour cela, nous allons à nouveau utiliser QGIS. Nous chargeons premièrement le raster géoréférencé dans l'espace de travail. Nous allons ajouter les couches vecteurs créées, qui sont des couches PostGIS. A partir de la barre d'outils ou du menu « *Couche* », nous choisissons l'option « *ajouter une couche PostGIS* ». L'interface qui nous est présentée (***figure 12***) permet de créer les connexions avec le SGBD PostgreSQL. Après quoi, il faut ajouter des objets géographiques PostGIS (seules les entités possédant des objets géographiques peuvent être projetées).

Figure 12 : Connexion de QGIS à la base de données

Les informations demandées pour la connexion sont : *le nom de la connexion, la machine hôte des serveurs (ici localhost), le nom de la base de données à laquelle nous voulons nous connecté, le port de connexion, le mode de sécurisation de la connexion, le nom de l'utilisateur qui a créé la base de données et son mot de passe.*

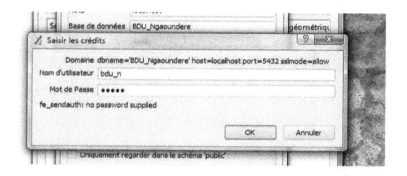

Figure 13 : Test de connexion à la base de données

Figure 14 : Tables ayant au moins un objet de type géométrique

Si le test de connexion (**figure 13**) est réussi, toutes les entités du schéma de la base de données possédant un champ de type géométrique seront affichées (*figure 14*). Chaque ligne de cette figure représente une couche qui peut être projetée sur l'image. Nos objets géométriques étant ici des points, ils apparaîtront sur l'image sous forme de points. Chaque couche a une couleur donnée pour les points qu'elle représente. Cette couleur est différente des couleurs de toutes les autres couches.

A cette étape, il suffit de sélectionner les couches à projeter sur la carte. La *figure 15* montre un exemple de projection sur la carte, de la couche des centres de santé.

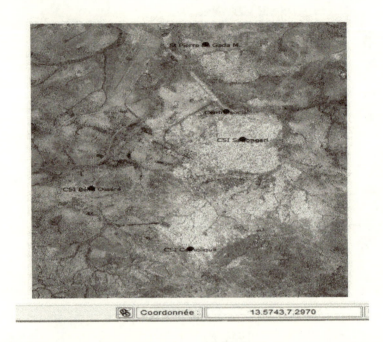

Figure 15 : Projeté de la couche centre de santé sur la carte.

Notons qu'à ce niveau, il nous est possible de choisir les informations à projeter en utilisant l'interface de requête (*figure 16*). Il suffit de double-cliquer sur le nom de la couche pour voir apparaître l'interface où l'on précise les conditions à vérifier par les enregistrements pour être projetés.

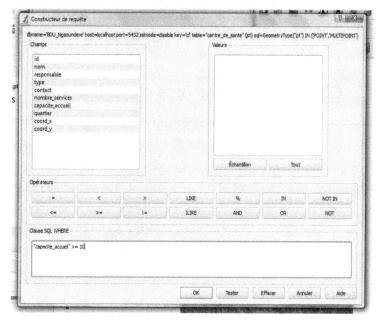

Figure 16 : Interface de requêtes

Nous avons dans ce chapitre présenté la base de données que nous avons développée. Nous avons commencé par rappeler l'intérêt d'une base de données urbaines pour une collectivité territoriale décentralisée et présenter les outils que nous avons utilisés. Nous avons géoréférencé, sur QGIS, l'image de la ville de Ngaoundéré qui nous a été fournie. Puis nous avons créé la base de données sous PostGIS avant de visualiser sous QGIS les couches créées.

Afin de rendre facile d'utilisation l'application, nous avons créé une interface de saisie des données. Le chapitre suivant présentera cet autre aspect du travail.

Chapitre III : Interface de la BDU

La base de données étant mise en place, il faut la rendre aisément exploitable. Particulièrement au niveau de l'alimentation. Nous avons, pour créer l'interface de communication avec la base de données, utiliser l'application *KompoZer*. Nous avons ensuite configuré et fait communiquer les serveurs installés pour un fonctionnement optimal de l'application. Nous présenterons étape par étape les travaux menés.

1. Création de l'interface sous KompoZer

KompoZer est un programme de conception de sites web entièrement graphique (**WYSIWYG** - *What You See Is What You Get*) qui remplace l'application **NVU** dont le développement a été arrêté. KompoZer offre une interface simple d'utilisation pour créer rapidement des pages web en mode graphique, sans pour autant produire un code, et un gestionnaire de site sommaire mais efficace. Il a l'avantage de permettre la création de l'interface par le langage de balises *HTML* et d'intégrer le code *PHP* et *JavaScript* à la suite. Il est comparable à *Frontpage*, produit par la société *Microsoft,* et *Dreamweaver* produit par la société *Macromedia*, qui eux sont des applications propriétaires et commerciales. KompoZer est libre, gratuit et disponible en téléchargement sur Internet à partir de son site Web www.kompozer.net.

La structure de notre site permet à partir de la page d'accueil d'accéder aux pages de différents types d'infrastructures urbaines. Pour chaque type d'infrastructures, nous avons accès à ses entités (tables où sont sauvegardées les données). Cette structure est résumée dans le schéma de la *figure 17*.

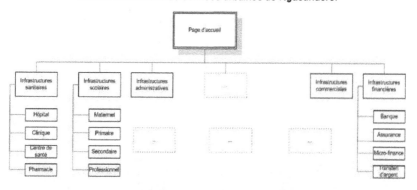

Figure 17 : Structure du site

La structure du site que nous souhaitons développé étant déterminée, nous utiliserons l'éditeur *WYSIWYG KompoZer* pour le réaliser. La *figure 18* présente l'arborescence du site créée sous *KompoZer*. Une page d'accueil nommée « *index.html* » permet d'accéder aux autres pages du site. Un dossier pour chaque type d'infrastructures est créé de même qu'un dossier pour les images à utiliser.

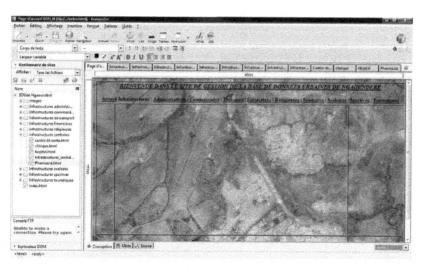

Figure 18 : Arborescence du site, créée sous l'éditeur KompoZer.

La **figure 19** présente un exemple de l'interface de saisie des données pour la table des cliniques du type infrastructures sanitaires à partir du navigateur Web.

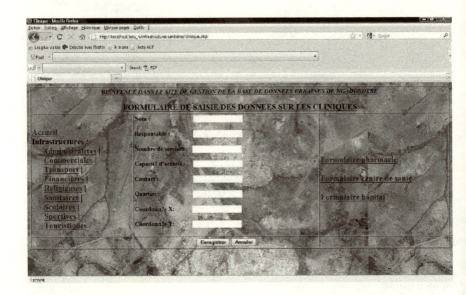

Figure 19 : Interface de saisie des données à partir d'un formulaire

Les pages ainsi créées peuvent directement être visualisées dans le navigateur web. La navigation entre les pages est également bien assurée et rendue ergonomique. Nous pouvons remonter des tables aux types d'infrastructures jusqu'à la page d'accueil. Le chemin inverse est également possible.

Cette approche par utilisation d'un éditeur WYSIWYG a l'avantage de mettre en place la structure du site et d'ajouter les codes de programmations par la suite. Ainsi, l'interface étant créée, *nous allons ajouter des codes de programmation PHP pour la récupération des données saisies à partir des formulaires, l'exécution des requêtes de transformations géographiques et l'alimentation de la base de données. Les codes de programmation JavaScripts assureront le contrôle des données saisies par l'utilisateur.*

2. Installation et configuration des serveurs

Les serveurs utilisés sont :

- le serveur de base de données *PostgreSQL version 8.4* pour la création et l'administration de la base de données ;
- le serveur Web *Apache* comme protocole de transfert de fichiers ;
- le langage de scripts *PHP* pour la création de pages Web dynamiques. Il va nous servir ici à récupérer les données saisies du formulaire et les intégrer dans la base de données. Il va aussi nous permettre d'exécuter les requêtes SQL. Nous utiliserons par ailleurs *JavaScripts* pour le contrôle de données saisies.

Ces applications peuvent être installées individuellement ou encore à partir des logiciels qui les empaquète. Nous avons utilisé pour cela *WampServer* qui est un serveur de type *WAMP (Windows, Apache, MySQL et Php)*. Il nous permet de faire fonctionner localement des scripts PHP et intègre serveur Web. Il peut être téléchargé à partir du lien Internet http://www.wampserver.com/download.php qui nécessite un enregistrement préalable au site.

Après l'installation des serveurs, il faut les configurer.

- *Configuration de PHP :* elle consiste à modifier le fichier « *php.ini* ». Il faut activer l'option permettant de reconnaître PostgreSQL comme le serveur de base de données. Il faut ensuite indiquer le chemin où se trouvent les extensions php. Enfin, enregistrer les modifications faites.
- *Configuration d'Apache* : cette configuration permet de prendre en compte l'installation de PHP au travers du serveur Web. Il faut pour cela modifier le fichier de configuration d'Apache. C'est le fichier « *httpd.conf* ».

Maintenant que les serveurs sont installés et configurés, il faut effectuer les tests de vérification.

- *Test de PHP* : il faut pour cela faire exécuter le code suivant

```
<?php
```

```
phpinfo();
?
```

et le charger dans un navigateur Web. Cette page présente les informations sur la version installée de PHP. Il est important de vérifier les chemins des variables d'environnement à ce niveau. S'ils sont mal indiqués, il va falloir les modifier.

- **Test de PostgreSQL** : il faut pour cela faire exécuter le code suivant :

```
<?php
$user="postgres";
$password="Your password";
$connection    =    pg_connect("host=localhost    user=$user
password=$password")    or    die("Connection    failed."    .
pg_last_error());
echo "Connected to PostgreSQL.";
pg_close($connection);
?>
```

L'exécution a réussi si l'on voit être affiché dans notre navigateur le message contenu dans la commande « *echo* ».

Si les différents tests de communication sont concluants, l'on peut commencer la programmation des scripts à partir du code *html* générer à l'aide de *KompoZer*. Cela reviendra à faire exécuter à partir des formulaires créés, nos différentes actions.

3. Alimentation de la base de données

Nous allons dans cette partie, présenter les codes utilisés pour faire fonctionner notre application.

A partir des formulaires créés, nous récupérerons les données d'alimentation saisies par les utilisateurs de la base de données. L'illustration pour la table clinique donne le bout de code PHP ci-dessous. L'identifiant des tables est renseigné à partir de la commande suivante : *nextval('clinique_id_seq'::regclass)* qui permet de définir l'incrément du champ et

41

qu'il soit de type « *serial* ». Chaque enregistrement fait dans une table de type infrastructure sanitaire est reprise dans une table qui va regrouper toutes les données pour ce type. Elle nous permet d'avoir une couche unique de toutes les entités de ce type en une seule. Cette couche sera constituée du nom de la structure et de sa localisation géographique.

Pour transformer les coordonnées recueillies sur le terrain en objet géométrique compréhensible par PostGIS et exploitable dans QGIS, nous exécutons la requête suivante :

",geomFromText('POINT('||"."$coord_x"."||' '||"."$coord_y"."||')', 4326));".

Code PHP de récupération des données saisies au formulaire et de leur insertion dans les tables :

```
<?php // Début du code
    $n=0; //variable de contrôle
    if (isset($_POST["nom"])){ //méthode de récupération des données
                    //à partir du formulaire
    $table="clinique"; //déclaration de la première table à alimenter
    $table1="infras_sante";//déclaration de la deuxième table à alimenter


    //Récupération des données
    $nom=$_POST["nom"];
    $responsable=$_POST["responsable"];
    $nombre_services=$_POST["nombre_services"];
    $capacite_accueil=$_POST["capacite_accueil"];
    $contact=$_POST["contact"];
    $quartier=$_POST["quartier"];
    $coord_x=$_POST["coord_x"];
    $coord_y=$_POST["coord_y"];
    //Insertion des données dans la BD PostgreSQL
    //Insertion des données dans la table clinique


    // Requête d'insertion dans la table clinique
    $con="INSERT INTO $table        VALUES
    (nextval('clinique_id_seq'::regclass),"."'$nom'"."',"."'$responsable'"."',"."'$nombre_
```

42

```
services'".",".'"$capacite_accueil'".",".'"$contact'".",".'"$quartier'".",".'"$coord_x'".","
.'"$coord_y'".",geomFromText('POINT('||".'"$coord_x".'||'        '||".'"$coord_y".'||')',
4326));";
```

```
        //Exécution de la requête d'insertion dans la table clinique
            pg_query($con);
                $n=1; //Permet de savoir que la requête s'est bien exécutée.
        }
```

```
    // Requête d'insertion dans la table regroupant les infrastructures sanitaires.
    // Elle se fait uniquement si la première a réussie.
            if($n==1){
        $con1="INSERT INTO $table1
            VALUES
(nextval('infras_sante_id_seq'::regclass),".'"$nom'".",geomFromText('POINT('||".'"$coord
_x".'||' '||".'"$coord_y".'||')', 4326));";
```

```
        //Exécution de la requête
            pg_query($con1);
```

```
        //Fermeture de la connexion ouverte.
            pg_close($connection);
            }
        ?> // Fin du code PHP.
```

Lors de la saisie des données, des contrôles du type saisi doivent être assurés. Ceci permet de sauvegarder l'intégrité des données dans la base. Pour le faire, nous avons utilisé le langage de programmation *JavaScript.* Nous présentons ici le code de vérification des types de données saisies. Le bout de code suivant nous permet d'effectué ces contrôles.

Code JavaScript pour le contrôle des données saisies dans le formulaire :

```
<SCRIPT language="JavaScript"> //début du script java
function Controle(){ //début de la fonction
if(document.formulaire1.nom.value==' '){ //condition de validation
alert('Le champ Nom doit absolument être renseigné !'); //message d'erreur
document.formulaire1.nom.focus(); //permettre de reprendre la saisie
}
If (isNaN(document.formulaire1.nombre_services.value) || //
(document.formulaire1.nombre_services.value=") ){
     alert('Le Nombre de service doit être une valeur numérique !');
     document.formulaire1.nombre_services.focus();
}
if (isNaN(document.formulaire1.capacite_accueil.value) ||
(document.formulaire1.capacite_accueil.value=") ){
     alert('La capacite d\'accueil doit être une valeur numérique !');
     document.formulaire1.capacite_accueil.focus();
}
if (isNaN(document.formulaire1.coord_x.value) ||
(document.formulaire1.coord_x.value=") ){
     alert('La coordonnée X doit être une valeur numérique. Bien respecter la
syntaxe !');
     document.formulaire1.coord_x.focus();
}
if (isNaN(document.formulaire1.coord_y.value) ||
(document.formulaire1.coord_y.value=") ){
     alert('La coordonnée Y doit être une valeur numérique. Bien respecter la
synthaxe !');
     document.formulaire1.coord_y.focus();
}
else{ // Au cas où les valeurs saisies sont correctes
document.formulaire1.method = "POST"; // Méthode de communication avec la
base de données
```

document.formulaire1.action = *"formulaire_clinique_javascript.php"; //*Script de communication avec la base de données.

document.formulaire1.submit();// on alimente la base de données.

}

}

</SCRIPT>// Fin du code.

Au cours de ce chapitre, nous avons développé l'interface de communication avec la base de données. Elle nous permet de saisir, à partir des formulaires, les informations dans la base de données. Nous avons également développé les procédures de remplissage des données dans la base de même que les procédures de contrôle.

Conclusion et perspectives

Dans le cadre des travaux du **Master Professionnel en Informatique Appliquée aux Systèmes d'Informations Géographiques (IA-SIG)** offert par *l'Université de Douala* en partenariat avec *l'Université Paris Est Marne-La-Vallée (UPEMLV)*, *l'Ecole Nationale des Sciences Géographiques (ENSG)* de France et *l'Agence universitaire de la Francophonie (AUF)*, nous avons effectué un séjour de recherche au sein du **Laboratoire de Géomatique (LG)** de la **Faculté des Arts Lettres et Sciences Humaines (FALSH)** à *l'Université de Ngaoundéré (UN)*, sous l'encadrement de son Responsable qui est par ailleurs Chef du Département de Géographie de la même Université. Ce stage a eu pour objectif principal le développement d'une base de données urbaines (BDU) pour Ngaoundéré. Ngaoundéré est une ville située à mi chemin entre le Sud et le Nord du Cameroun. Elle est également le chef-lieu du Département de la Vina et de la Région de l'Adamaoua au Cameroun. Jusqu'en Avril 2007, Ngaoundéré était doté d'une Commune Urbaine et d'une Commune Rurale. Le *Décret présidentiel N° 2007/117 du 24/04/2007* a divisé la ville en trois arrondissements et trois municipalités. De grands chantiers urbains sont en cours dans cette ville. Des applications de gestion des données ont été mise en place, mais tous l'ont été à l'aide des applications propriétaires. Le grand défi pour nous a également été l'introduction de l'utilisation d'applications libres. Ces applications étant une solution économique idoine pour les CTD.

Le séjour de recherche que nous avons effectué a eu pour objectif principal le développement d'une base de données urbaines (BDU) pour Ngaoundéré. A partir des outils mis à notre disposition, les nombreuses connaissances acquises au cours de la formation et des applications de géomatique, nous avons réalisé le travail assigné. Nous avons tout d'abord géoréférencer l'image qui a été mise à notre disposition à partir de QGIS et d'une vingtaine de points pris sur le terrain. Nous avons ensuite créé la base de données à l'aide du SGBD PostgreSQL. Son extension spatiale PostGIS nous a permis de facilement gérer les objets géographiques. La base de données est alimentée par des données recueillies sur le terrain à l'aide du GPS. Ces données constituent des couches qui sont ensuite projetées sur l'image pour visualisation. Cette visualisation se fait sous QGIS. Afin de faciliter la gestion de la base et surtout son alimentation, une interface web a été créée à l'aide de l'éditeur KompoZer. Cette interface permet d'enregistrer les informations dans la base de données. Pour assurer la communication entre l'interface et la base de données, un serveur web a été installé. Nous avons utilisé des scripts PHP pour la récupération des données saisies à partir des formulaires et leur transfert dans la base de données. Le contrôle des données saisies par les utilisateurs est assuré par des codes JavaScript. Ceci permet d'assurer l'intégrité des données renseignées. Tous ces travaux ont été réalisés à partir d'applications disponibles sous licence libre.

Cette phase nous a été grandement bénéfique car elle nous a permis d'appliquer les nombreuses connaissances acquises lors de la formation. Elle nous a aussi permis de nous familiariser avec les applications SIG (Quantum GIS, PostGIS...), les outils de développement web et les équipements de géomatique (GPS, images, cartes). Nous avons également eu à faire de nombreuses descentes sur le terrain. Le cadre de travail offert par le LG était convivial et l'ambiance entre les membres agréable.

Le travail fait s'inscrit dans le cadre d'un projet de développement d'une base de données distribuées en vue de la réalisation du « *portail géoéconomique* » de la ville de Ngaoundéré. Ceci nous amène à définir de nombreuses perspectives parmi lesquelles achever l'alimentation de la base de données. Il faudra faire une collecte minutieuse et autant que possible, exhaustive des données du terrain. Ensuite, permettre une alimentation constante à partir de plusieurs pôles à l'aide des technologies web. Notre base de données sera ainsi distribuée et visible sur la toile. Enfin, il va falloir développer une interface usager, en plus de l'interface administrateur qui existe déjà. Cette partie de l'application permettra aux tiers de faire des requêtes dans la base de données. Il est également prévu un volet dédié aux décideurs. Ce volet devra faciliter l'analyse et la présentation des données afin d'aider à la prise de décisions.

Bibliographie

I. Ouvrages

1. [BORDIN, 2002], Patricia BORDIN, "*SIG : concepts, outils et données*", Hermes Science, Lavoisier, 2002, 259p ;

2. [GARDARIN, 2000]. G. GARDARIN, « *Internet/intranet et bases de données : Data Web, Data Media, Data Warehouse, Data Mining* », Edition Eurolles, 2005, 246p ;

3. [GARDARIN, 2003], G. GARDARIN. « *Bases de données: objet & relationnel* », Edition Eyrolles, 1999, 788p ;

4. [KENGNE, 2000], F. KENGNÉ et A. BOBDA, « *Un demi Siècle de recherche urbaine au Cameroun* », Presses Universitaires de Yaoundé, 2000 ;

5. [MULLER, 1998], P. A. MULLER, « Modélisation objet avec UML », Eyrolles, troisième tirage 1998 ;

II. Articles

1) [IYA, 2000], M. IYA, « Les plans d'urbanisme et la maîtrise de la gestion de l'espace au Cameroun », Annales de la FALSH de l'Université de Ngaoundéré, Vol V, 2000 ;

2) [IYA, 2002], M. IYA, « Accès à la propriété foncière et problème d'urbanisation au Cameroun : le cas de Ngaoundéré », Annales de la FALSH de l'Université de Ngaoundéré, Vol VII 2002 ;

3) [KOUAMOU, 2010], G.-E. KOUAMOU, L. TONGO, M. TCHOTSOUA, « D'une plate-forme de diffusion de l'information géographique par internet », Annales de la FALSH de l'Université de Ngaoundéré, volume XI, 2010, pp 53-63 ;

4) [KOEHL, 2006], M. KOEHL, « SIG et e-Learning », Institut National des Sciences Appliquées de Strasbourg, France, SIG 2006, 12p ;

5) [LAKHOUA, 2007], M. LAKHOUA, « Utilisation du SIG dans une entreprise industrielle pour l'analyse et la prise de décision », Schedae 2007, prépublication n°47, fascicule n°2, p 309-314 ;

6) [NDAME, 2003], J.-P. NDAME, Bakulay BRITLEY, « Urbanisation, politiques agricoles et dépendance alimentaire au Nord Cameroun », Annales de la FALSH de l'Université de Ngaoundéré, Vol. VIII-2003, Numéro Spécial – Géographie ;

7) [PETTANG, 2008], C. PETTANG, M. NKWENKEU, P. LOUZOLO-KIMBEMBE, « De la cartographie de ségrégation en milieu urbain : cas de la ville de Yaoundé (Cameroun) », dans Enjeux et opportunités pour le développement durable de l'Afrique, 2008, pp 193-210 ;

8) [TCHOTSOUA, 1998], M. TCHOTSOUA, M. GUIDADO, SOH ELAME et J. P. NGANA, « Diagnostic de l'état de l'environnement de Ngaoundéré et contribution pour une approche de gestion partagée », Annales de la FALSH de l'Université de Ngaoundéré. Vol. III, 1998 ;

9) [TCHOTSOUA, 2001], M. TCHOTSOUA, M. IYA, A. NDI NYOUGUI, « La Géomatique : base d'une nouvelle stratégie de suivi de l'état et de l'entretien de la voirie urbaine », Annales de la FALSH de l'Université de Ngaoundéré. Vol. VI, 2001 ;

III. Mémoires et thèses

1) [AYISSI, 2007], A. AYISSI, « Conception et développement d'une plate-forme de gestion des données hétérogènes et incomplètes pour la prise de décision en milieu urbain au Cameroun », thèse de Doctorat Ph/D, Université de Yaoundé I, ENSP, Novembre 2007 ;

2) [DJIDJIWA, 1999], C. DJIDJIWA, « Modélisation et réalisation d'un système d'information géographique avec Idrisi cas des routes de Ngaoundéré », Laboratoire de recherche en Géomatique, FALSH, Université de Ngaoundéré, 1999, 50p ;

3) [GONDIE, 2006], H. GONDIE, « Analyse spatiale des équipements de distribution de l'énergie électrique à Ngaoundéré », Mémoire de Maîtrise, Département de Géographie, Université de Ngaoundéré, 2006, 91p ;

4) [TCHOTSOUA, 2006], M. TCHOTSOUA, « Évaluation récente des territoires de l'Adamaoua central : de la spatialisation à l'aide pour un développement

maîtrisé », Habilitation à Diriger des Recherches, Université d'Orléans, jan. 2006, 03 tomes, 650p.

IV. Rapports et supports de cours

1. [BURROUGH, 1998], P. A. BURROUGH, "Principles of Geographical Information Systems", Oxford University Press, Data Models and Axioms, 1998, 19p ;
2. [GILLIOT, 2000], J. M. GILLIOT, "Introduction aux SIG", Institut National Agronomique Paris-Grignon, oct. 2000, 142p ;
3. [GOLOCY, 2001], F. GOLOCY, « Traitements de l'information spatiale » Système d'Information à Référence Spatiale I, 2001 ;
4. [TCHOTSOUA, 2007], M. TCHOTSOUA, « Introduction aux Systèmes d'Informations Géographiques pour la Gestion de l'Environnement : Notions fondamentales, outils, méthodes et applications logicielles MAPINFO 8.5 », UNU-INRA-OU/CM, 2007, 74p ;

V. Textes et lois

1. Décret n°2007/115 du 13 avril 2007, portant création de nouveaux arrondissements au Cameroun ;
2. Décret n°2008/0735/PM du 23 avril 2008, fixant les modalités d'élaboration et de révision des documents de planification urbaine ;
3. Loi n°2004-17 du 22 juillet 2004 d'orientation de la décentralisation ;
4. Loi n°2004-18 du 22 juillet 2004 fixant les règles applicables aux communes ;
5. Loi n°2004-19 du 22 juillet 2004 fixant les règles applicables aux régions ;
6. Loi n°2004/003 du 21 avril 2004 régissant l'urbanisme au Cameroun.

VI. Liens Internet

1. http://www.arcgis.com/
2. http://www.cognos.com/
3. http:// www.ensg.eu/
4. http://www.forumsig.org/
5. http://garmin.com/
6. http://www.kompozer.net/

7. http://www.mapinfo.com/
8. http://mapserver.org/
9. http://www.passion-geographie.com/
10. http://postgis.refractions.net/
11. http://www.postgresql.org/
12. http://www.qgis.org/
13. http://www.sig-la-lettre.com/
14. http://www.wampserver.com/
15. http://www.wikipedia.org/

Annexes

Annexe 1 : Coordonnées recueillies sur le terrain pour géoréférencer l'image

N°	Lieu	Coordonnée E	Coordonnée N
1	Carrefour Gadamabanga	13.34584	7.21251
2	Carrefour SONEL	13.35092	7.19431
3	Carrefour Texaco	13.35017	7.19167
4	Carrefour Hôpital Norvégien	13.35497	7.18396
5	Croissement Gadamabanga	13.36257	7.21381
6	Croissement Bélel	13.36380	7.19005
7	Pont Djalingo	13.35278	7.20296
8	Pont Gadamabanga	13.34381	7.21090
9	Pont Bantail	13.35417	7.19038
10	Pont derrière Collège Polyvalent	13.36269	7.19368
11	Pont Jérusalem	13.36162	7.17301
12	Carrefour Aéroport	13.34028	7.21571
13	Carrefour Marrahba	13.34307	7.19125
14	Carrefour Soméno	13.34484	7.18266
15	Entrée Résidence	13.35234	7.17413
16	Carrefour Antenne	13.35250	7.17363
17	Virage Réserve forestière	13.33246	7.17470
18	Echangeur rails	13.33412	7.20153
19	Carrefour Tibati	13.33323	7.20276
20	Intersection route Tibati	13.32022	7.20093

Annexe 2 : Exemple de fiche de collecte de données (cas des hôpitaux)

N°	Nom	Respon.	Nb_Serv.	Cap_acc.	Quartier	Coord_X	Coord_Y	Superficie	Type (Pu/Co/Pr)*	Contact
1										
2										
3										
4										
5										
6										
7										
8										
9										
10										
11										
12										
13										
14										
15										

* : Public/Confessionnel/Privé.